Made in the USA
Las Vegas, NV
12 September 2022

55167492R10068